Quoi de neuf ?

**Michèle Babcock
Art Coulbeck**

partout !

Dans cette unité…

Communication orale
Tu vas…
- participer à des sondages ;
- écouter et faire un remue-méninges ;
- écouter des entrevues ;
- participer à une entrevue ;
- écouter et faire des reportages.

Lecture
Tu vas…
- lire des entrevues ;
- lire des reportages ;
- lire des renseignements historiques.

Écriture
Tu vas…
- faire un sondage ;
- préparer des questions pour une entrevue ;
- préparer un reportage.

La tâche finale :
- organiser un bulletin de nouvelles ;
- présenter un reportage.

En route !

- Y a-t-il un canal de télévision dans ta communauté ?
- Quels types d'émissions ce canal présente-t-il ?

Leçon 2
Les Nouvelles du CANAL 12

Bonsoir, téléspectateurs. Ici Suzette Lavallée qui vous présente, de nos studios à Beauvais, les nouvelles locales et régionales.

Hier soir, les pompiers ont répondu à une alarme-incendie à l'usine des Produits Gaspard, rue du Trésor. Heureusement, ils ont réussi à contrôler le feu rapidement sans dommages importants. On cherche toujours la cause de l'incendie, mais l'inspecteur Robin des pompiers municipaux dit qu'il n'y a pas d'évidence indiquant un incendie criminel.

En parlant des Produits Gaspard, cette entreprise qui a toujours fait preuve de générosité dans la communauté, a donné six caméras vidéo à l'école Bernier cette semaine. Quel beau cadeau pour les jeunes de l'école !

Les jeunes de Beauvais ont finalement un centre de loisirs, grâce à l'ouverture du Centre Jeunesse, rue Bellechasse. Demain soir, notre reporter Laurent Bernard va nous faire visiter le Centre Jeunesse et va interviewer ses directeurs.

Comme tout le monde le sait, l'école Bernier va célébrer son centenaire cette année. J'ai visité l'école cet après-midi et j'y ai rencontré plusieurs élèves et professeurs. Je dois dire que le niveau d'énergie et d'enthousiasme que j'ai vu dans l'école est incroyable.

À l'école, j'ai assisté à une vente de pâtisseries maison. Délicieuses ! Les jeunes musiciens de l'école vendent des pâtisseries pour payer le voyage de l'orchestre au concours provincial à Ottawa. La professeure de musique, Mme Denise Bissonnette, m'a dit que les membres de l'orchestre sont excellents. Elle croit que les jeunes vont revenir à Beauvais avec des médailles.

Pour fêter le centenaire, M. Arcand, professeur de français, met en scène une production de la comédie musicale *Le Magicien d'Oz* au mois de décembre. J'ai rencontré plusieurs jeunes Dorothy et lions dans la cafétéria. Les auditions ont lieu la semaine prochaine.

Et maintenant, voici Réal Lebon et les nouvelles sportives.

Réal Lebon, spécialiste en sports, prend le microphone :

Merci, Suzette. Moi aussi, j'ai visité l'école Bernier et j'y ai rencontré M. Jacques Chartrand, le prof qui entraîne l'équipe de basket-ball, les Coyotes. L'année dernière les Coyotes ont perdu le championnat aux mains des Tornades de Trésorville, leur adversaire traditionnel. M. Chartrand m'a dit que son équipe est déterminée à remporter le trophée cette année. L'école Bernier n'a pas de trophée en basket-ball. Peut-être cette année, Suzette.

Suzette reprend le micro :

Merci, Réal. C'est tout pour ce soir, chers téléspectateurs. Ici Suzette Lavallée, avec Réal Lebon. Bonne soirée !

A Fais les activités aux pages 3 et 4 de ton Cahier.

B À deux, imaginez que c'est un anniversaire important à votre école. Faites une liste d'événements possibles pour célébrer cet anniversaire.

En route !

- Qu'est-ce qu'un remue-méninges ? Pourquoi fait-on les remue-méninges ?
- Écoute les amis faire un remue-méninges.

Leçon 3

Un cadeau pour les élèves de l'école Bernier ! Une entreprise dans la communauté a donné des caméras vidéo à l'école. Comment les élèves vont-ils travailler avec ces caméras ? Dans la classe de Stéphane, Marc, Aimée et Nathalie, la professeure va annoncer un projet spécial.

> Moi, je veux interviewer le propriétaire du Centre Jeunesse.

> Moi, je veux faire un reportage sur le match de basket-ball entre les Coyotes de Beauvais et les Tornades de Trésorville.

Pour faire un remue-méninges, voici quelques règles importantes :

- Tout le monde doit donner ses idées.
- On exprime toutes les idées qui nous passent par la tête, bonnes ou mauvaises.
- Toutes les idées sont acceptées par le groupe au début.
- À la fin, on analyse toutes les idées et on garde les idées qui ont le plus de mérite.

Remue-Méninges des amis

Moi, je veux faire un reportage sur la comédie musicale présentée par les élèves pour célébrer le centenaire de notre école.

Et moi, je vais parler du succès de l'orchestre au concours provincial.

A Fais les activités E et F à la page 6 du Cahier pour t'aider à comprendre la vidéo.

B Est-ce que cette vidéo t'a donné des idées pour ton reportage ? En groupes, faites maintenant un remue-méninges pour trouver qui vous allez interviewer et sur quel sujet. (Consultez les règles des remue-méninges.)

En route !

- Quelles activités parascolaires y a-t-il à ton école ?
- À quelles activités parascolaires aimes-tu participer ?
- Quels sujets trouves-tu intéressants comme sondages ?

Leçon 4

En Ligne !

Le site officiel de l'école Bernier
Le coin des opinions

Quelle est votre activité parascolaire favorite ?... Et dites-nous POURQUOI !!!

Après l'école ou à l'heure du midi, que faites-vous ? Comment occupez-vous votre temps libre ?

Vous avez ici l'occasion de vous exprimer. Dites-nous à quelles activités parascolaires vous participez et pourquoi ! Nous allons placer vos commentaires sur cette page. Comme ça, tous les visiteurs peuvent partager les opinions exprimées.

Adressez-nous vos commentaires ici !

À partir du mois d'avril, je joue régulièrement dans l'équipe de soccer. Nous avons une séance d'entraînement deux fois par semaine. J'aime y participer parce que ça me défoule. *(Stéphane M.)*

Je n'aime pas l'école, surtout le travail, mais je suis content maintenant parce que, heureusement, j'ai découvert les activités parascolaires. Je joue au basket-ball et je fais partie du club d'informatique. Pour moi, l'école, c'est le parascolaire ! *(Olivier L.)*

Moi, c'est la gymnastique qui m'intéresse. Je vais au gymnase et j'y fais de la gymnastique après les cours. Le prof de gym nous aide deux fois par semaine. À part cela, je suis la présidente du conseil des élèves. Je veux être politicienne plus tard.
(Gisèle R.)

Mes amis et moi, pour nous relaxer après l'école, nous avons décidé de former un orchestre. Nous restons à l'école et nous y faisons de la musique. Nous préparons un concert pour Noël.
(Marc P.)

Je fais partie du club de français et j'adore les jeux. À l'heure du midi, nous jouons souvent au Scrabble et nous y jouons en français. L'année dernière, nous avons organisé un voyage de quatre jours à Québec. (Denise B.)

Après l'école, je dois prendre l'autobus pour rentrer chez moi. Mes devoirs finis, je descends vite au salon pour y regarder la télé. Cependant, une fois par semaine, la plupart du temps le samedi, je vais chez le vétérinaire pour y faire du travail bénévole avec les animaux. Le vétérinaire ne me paie pas, je fais cela parce que ça m'intéresse.
(Lisette J.)

Après l'école, moi je vais au centre récréatif chercher des activités amusantes, parce que mon école n'en a pas ! J'y prends des cours de ballet jazz. J'y joue aussi au billard.
(Rebecca F.)

A Demande à ton ou à ta partenaire de nommer une activité parascolaire qu'il ou elle aime et d'expliquer pourquoi.

B En groupes, créez cinq questions pour un sondage sur les activités parascolaires à votre école et dans votre communauté.

A À deux, associez les phrases suivantes aux actions illustrées.

1. Des élèves du club d'informatique lavent des autos afin de ramasser de l'argent pour acheter un nouvel ordinateur.
2. La troupe de théâtre répète une pièce.
3. L'équipe Bernier a perdu le match.
4. Une élève ne peut pas participer aux activités parascolaires.
5. Au club de photographie ? On y prend parfois des photos amusantes.
6. Un groupe d'élèves discute des activités de l'école.
7. L'orchestre va bientôt être prêt pour le concert de fin d'année.
8. C'est un match serré au club d'échecs.
9. Il fait un kilomètre en trois minutes dans la course.
10. Qui veut acheter un biscuit ou un petit gâteau ? Nous faisons une collecte de fonds pour l'orchestre.

B À deux, posez-vous les questions suivantes sur les activités illustrées.

- Quelle activité préfères-tu ? Pourquoi ?
- Quelle activité n'aimes-tu pas ? Pourquoi ?
- Où préfères-tu faire des activités, à l'intérieur ou à l'extérieur ?
- Quand préfères-tu les activités parascolaires ? À l'heure du midi ou après l'école ?
- Comment mets-tu tes talents en pratique ?

Étude de la langue

Leçon 5

Les adverbes formés à partir des adjectifs

- Un adverbe modifie ou précise le sens d'un verbe ou d'une phrase.

    Heureusement, ils ont réussi à contrôler le feu **rapidement**.

    L'adverbe *heureusement* modifie la phrase entière ;
    l'adverbe *rapidement* modifie le verbe *contrôler*.

- D'habitude, on utilise un adverbe pour décrire **la manière** de faire quelque chose.

    Comment ont-ils contrôlé le feu ? **Rapidement**.

- Règle générale : Pour former un adverbe, on ajoute *–ment* au féminin de l'adjectif.

    Les jeunes de Beauvais ont **finalement** un centre de loisirs.

Adjectif masculin	Adjectif féminin	Adverbe
heureux	heureuse	heureusement
rapide	rapide	rapidement
final	finale	finalement

- Une exception importante est l'adverbe ***bien***, associé à l'adjectif ***bon*** :

    L'orchestre a de **bons** musiciens. Ils jouent **bien**.

- Si l'adjectif se termine par une **voyelle**, on ajoute *–ment* à la forme **masculine**.

    Vraiment, je préfère rester ici.
    Je suis **absolument** certain de cela.

- **Vite** est un adverbe.

    Renée court très **vite**.

L'orchestre a de **bons** musiciens. Ils jouent **bien**.

Les questions par inversion

Il y a trois façons de poser des questions.

1. À l'oral, **l'intonation** monte à la fin de la phrase.
   À l'écrit, on met **un point d'interrogation** à la fin de la phrase.

   Tu joues au soccer ? ↗

2. On ajoute *est-ce que*.

   Est-ce que tu joues au soccer ?

3. On fait **l'inversion** du pronom et du verbe.

   Joues-tu au soccer ?

Pour poser une question par inversion :

- On place le pronom après le verbe.

   Pourquoi veux-tu jouer un rôle dans *Le Magicien d'Oz* ?

- Au passé composé, on place le pronom après le verbe *avoir*.

   Pourquoi avez-vous choisi cette comédie ?

- Quand le sujet de la phrase est un nom (*les auditions*), on ajoute le pronom qui convient (*elles*) après le verbe.

   Quand les auditions ont-elles lieu ?

- Si le pronom est « il », « elle » ou « on », on insère un « t » entre le verbe et le pronom si le verbe se termine par une voyelle.

   Quand va-t-il annoncer les auditions ?

ATTENTION ! Note la place des traits d'union dans les exemples.

Quelle photo préfères-tu ?

Pourquoi lavent-ils les autos ?

Au travail !

Tu as déjà participé à un remue-méninges et à un sondage sur les activités parascolaires et sur les événements dans ton école et ta communauté. Maintenant, choisis un sujet intéressant pour ton reportage. Utilise la page 11 de ton Cahier pour écrire des notes.

Écris un paragraphe pour expliquer le thème que tu as choisi.

- Identifie l'activité ou l'événement.
- Explique où et quand cette activité ou cet événement a lieu.
- Dis qui peut participer à cette activité ou à cet événement.
- Ajoute des détails intéressants.
- Utilise un ou deux adverbes dans ta description.

En route !

- À ton avis, qu'est-ce qu'une bonne entrevue ?
- Quelles sortes de questions doit-on poser ?

Leçon 6
Une journaliste

Les quatre camarades de classe, Marc, Nathalie, Aimée et Stéphane, veulent faire des entrevues pour leur reportage, mais ils ont peur de ne pas savoir quelles questions poser. La professeure a donc invité une téléjournaliste à venir en classe pour aider les élèves.

La téléjournaliste arrive en classe avec une cassette qui contient une de ses entrevues. Avant de faire jouer la vidéo, elle explique qu'une entrevue est une conversation entre un reporter et une autre personne. Le reporter pose des questions clés. Les réponses à ces questions fournissent l'information nécessaire pour le reportage.

Mais les élèves demandent : comment est-ce qu'on sait quelles questions poser ? La téléjournaliste explique qu'elle pense toujours aux cinq questions clés : ***Qui ? Qu'est-ce que ? (C'est quoi ?) Quand ? Où ? Pourquoi ?***

QUI ? POURQUOI ? QUAND ? QU'EST-CE QUE ? OÙ ?

aide les amis

Ce truc aide à planifier l'entrevue et le reportage. Mais, pendant l'entrevue, il faut improviser quelque peu et poser des questions à partir des réponses que l'on reçoit.

La téléjournaliste se prépare à projeter la vidéocassette de son entrevue avec Christian Quesnel, illustrateur de bandes dessinées. Elle explique que son but était de découvrir le processus de création d'une bande dessinée. Elle a donc concentré son attention sur les questions *qu'est-ce que ?* et *pourquoi ?*

Écoute l'entrevue et fais la connaissance de Christian Quesnel.

A Lis le texte et explique la stratégie que la téléjournaliste suggère aux élèves.

B Fais les activités d'écoute de la vidéo à la page 13 de ton Cahier.

C Suggère d'autres questions intéressantes pour cette entrevue.

D Lis l'entrevue en bande dessinée à la page 14 de ton Cahier. Explique pourquoi cette entrevue n'est pas bonne.

Leçon 7
L'entrevue de Marc

En route !

- Qu'est-ce que Marc a décidé de faire pour son reportage ?
- À ton avis, quelles sont les questions de Marc ?

Entrevue avec M. Nadeau au Centre Jeunesse

C'est quoi ?

Qui ?

Quand ?

Qu'est-ce qu'on y fait ?

Où ?

Pourquoi ?

Aussi

A Écoute l'entrevue de Marc. Vérifie tes prédictions.

B Fais l'activité C de la page 15 de ton Cahier.

C À ton avis, est-ce que c'est une bonne entrevue ? Pourquoi ?

Étude de la langue

Leçon 8

Le pronom y

- Le pronom *y* remplace une partie de la phrase qui commence par une préposition comme *à, au, aux, dans, sur* ou *chez*.

- Très souvent, le pronom *y* remplace **un endroit**.

    Je vais **au gymnase** et j'**y** fais de la gymnastique.
    Je vais **chez le vétérinaire** pour **y** faire du travail bénévole.

- Certains verbes comme *jouer* (quand on parle de sports ou de jeux) et *participer* sont suivis de la préposition *à* (*au, aux*). Si on ne veut pas répéter la partie de la phrase qui commence par cette préposition, on remplace ces mots par *y*.

    Nous jouons souvent **au Scrabble** et nous **y** jouons en français.
    Mes amis participent **aux activités sportives**. Moi, j'**y** participe aussi.

- À la forme négative, on place *ne* devant le pronom *y* et on place *pas* après le verbe.

    Vas-tu **au Centre Jeunesse** après les cours ?
    Non, je n'**y** vais pas. Je dois rentrer à la maison.

Mon ami et moi allons au Centre Jeunesse. Nous y jouons au billard.

- Au passé composé, on place *y* devant le verbe *avoir*.
- Au négatif, on place *ne* devant *y* et *pas* après le verbe *avoir*.

    Quel match ! Tu **y** as assisté, n'est-ce pas ?
    Oui, j'**y** ai assisté. Non, je n'**y** ai pas assisté.

- Quand il y a un verbe comme *aller, devoir, pouvoir* ou *vouloir* suivi d'un infinitif, on place le pronom *y* devant l'infinitif.
- Note : Au négatif, on met *ne* devant et *pas* après le **premier** verbe.

    Je vais **à la piscine**. Tu veux **y** aller avec moi ?
    Désolé, je ne peux pas **y** aller aujourd'hui, mais je veux **y** aller samedi.

Les deux équipes sont dans le gymnase. Elles y jouent au volley-ball.

Au travail !

Fais maintenant une entrevue avec la personne que tu as choisie. Enregistre ton entrevue si possible pour la faire écouter à ton groupe et pour pouvoir y référer quand tu vas préparer ton reportage.

- Utilise les cinq questions clés.
- Pose d'autres questions sur les détails intéressants.
- Utilise le pronom *y*.
- Observe bien les stratégies proposées pour mener une bonne entrevue.

En route !

- Quels sont les éléments d'une émission de nouvelles ?
- À quelle station de télévision préfères-tu regarder les nouvelles ? Pourquoi ?

Leçon 9
Les médias au Canada

En 1900, il n'y a pas de radio ni télévision au Canada. Les Canadiens lisent les journaux pour avoir des nouvelles. Mais tout cela commence à changer au début du 20e siècle, grâce à Guglielmo Marconi qui transmet en décembre 1901 le premier signal sans fil de St-Jean (à Terre-Neuve) à Cornouailles (en Angleterre). L'exploit de Marconi permet l'invention de la radio. La première station de radio, CFCF, est ouverte à Montréal en 1919. La première émission de radio diffusée à travers tout le Canada a lieu en 1927 pour célébrer le 60e anniversaire de la Confédération. En 1929, on compte plus de 75 stations de radio canadiennes.

En 1936, on décide de créer un réseau national, la Société Radio-Canada, qui présente aux Canadiens des émissions de nouvelles nationales et régionales, des informations agricoles, des émissions de musique, des émissions pour enfants…

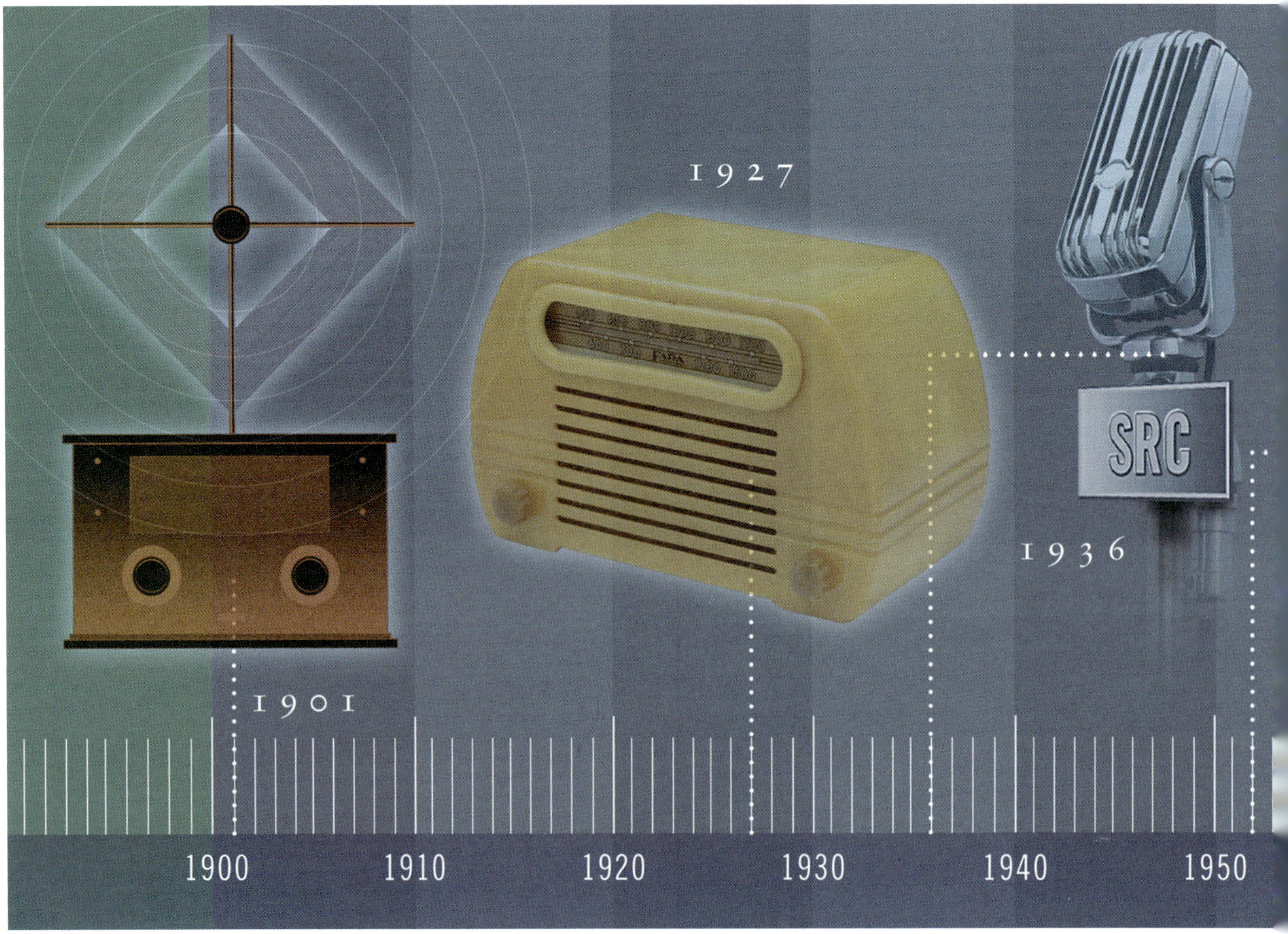

Guglielmo Marconi dans son studio.

Quelques années plus tard, pendant la Seconde Guerre mondiale, les reporters de Radio-Canada font des reportages en direct des champs de bataille.

La radio est le seul média national avant les années 50. Mais l'année 1952 marque le début de la télévision au Canada. À partir de ce moment, on peut non seulement entendre, mais aussi voir les reporters et les images de leurs reportages.

De nos jours, Radio-Canada transmet des informations sur Internet. Si on visite le site Web de Radio-Canada, on peut écouter des émissions de nouvelles en direct.

Radio-Canada célèbre ses 60 ans en 1996. Pour en savoir plus, écoute la vidéo.

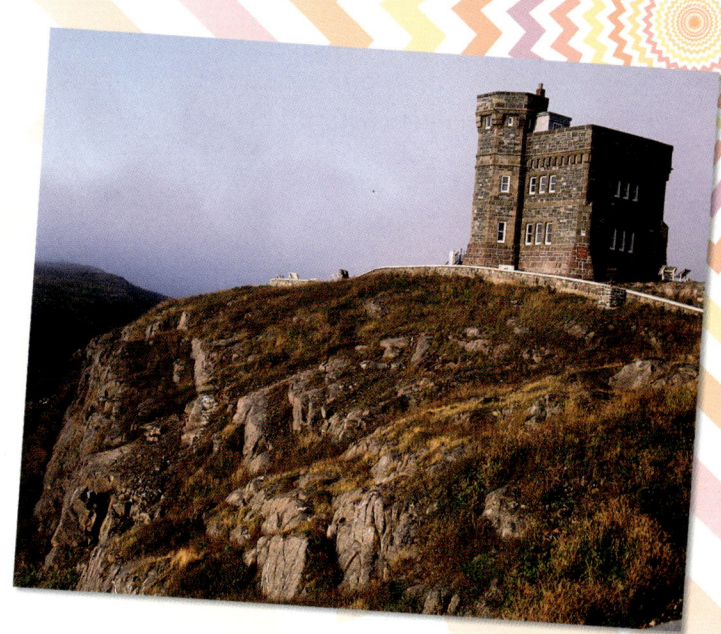

Marconi transmet le premier signal sans fil de Signal Hill, Terre-Neuve.

A Avant de regarder la vidéo, fais le jeu-questionnaire à la page 20 de ton Cahier pour tester tes connaissances sur la radio et la télévision au Canada.

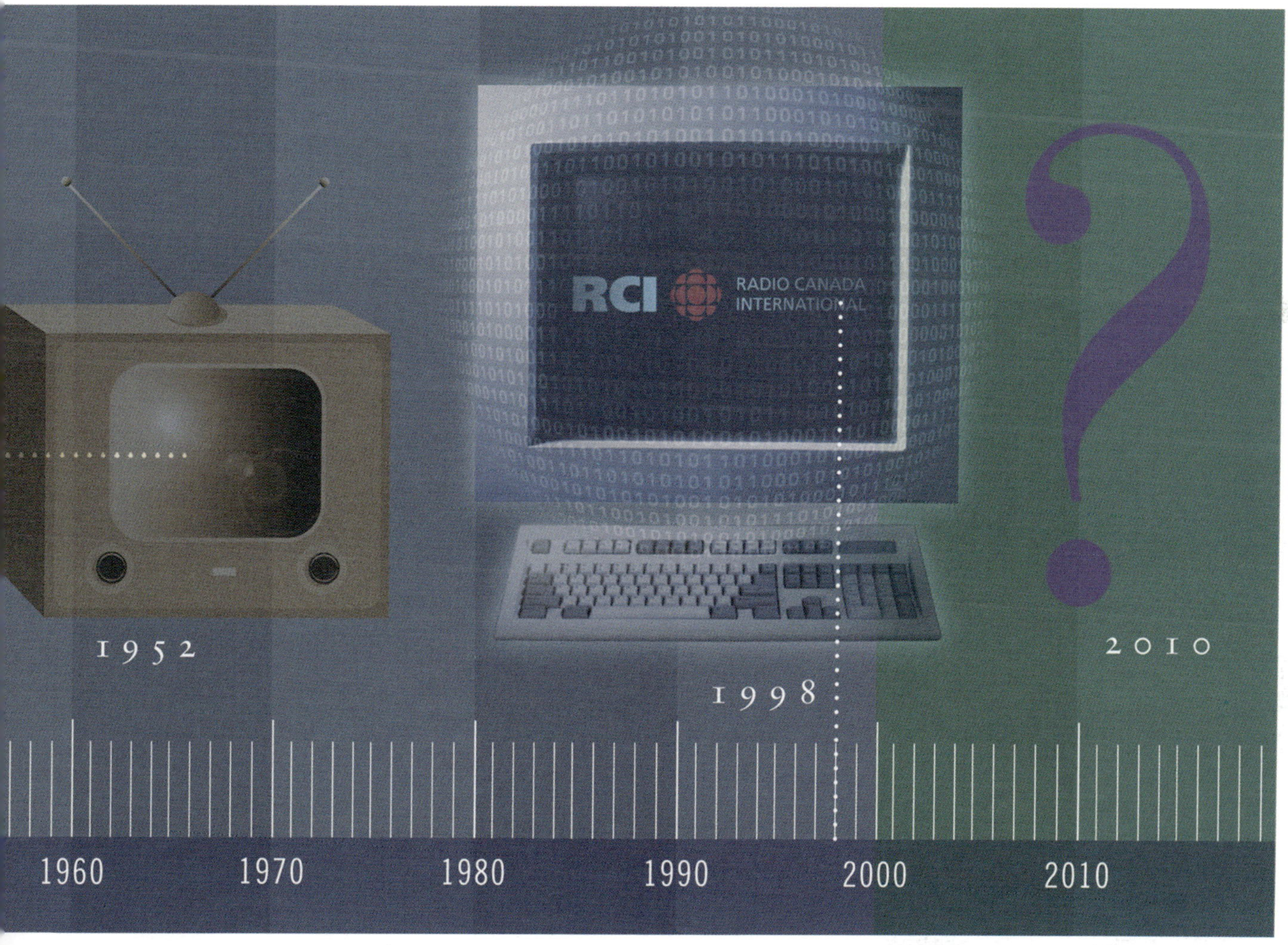
RCI
RADIO CANADA INTERNATIONAL
1952
1998
2010
1960
1970
1980
1990
2000
2010

En route !

- Qu'est-ce qu'un reportage ?
- Que fait-on avant un reportage pour se préparer ?

Leçon 10
Le reportage de Marc

Marc a pris des notes après son entrevue avec M. Nadeau :

Entrevue avec M. Nadeau au Centre Jeunesse

C'est quoi ?
- un centre de loisirs pour les jeunes de la ville de Beauvais

Qui ?
- M. Denis Nadeau, Mme Brigitte Nadeau, les directeurs

Quand ?
- cet été, en juillet

Qu'est-ce qu'on y fait ?
- des tables de billard
- des jeux vidéo
- une salle de danse
- une cafétéria

Où ?
- rue Bellechasse, à côté de l'aréna

Pourquoi ?
- pas de centre pour les jeunes à Beauvais

Aussi
- jeux vidéo – sensass !
- partie de billard – ☹ – j'ai perdu !
- frites – délicieuses
- ouvert, du lundi au samedi, de 15 h 30 à 21 h

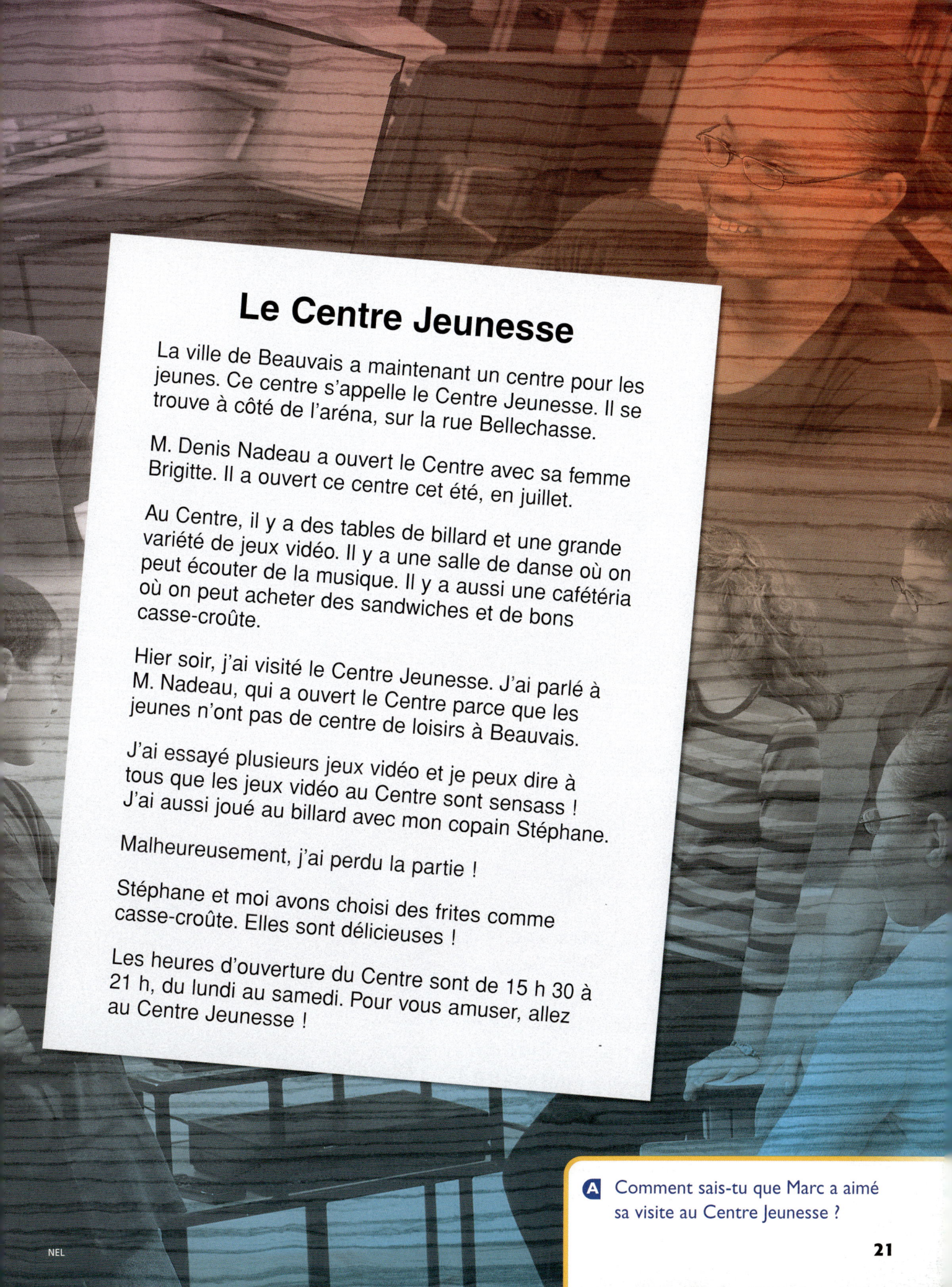

Le Centre Jeunesse

La ville de Beauvais a maintenant un centre pour les jeunes. Ce centre s'appelle le Centre Jeunesse. Il se trouve à côté de l'aréna, sur la rue Bellechasse.

M. Denis Nadeau a ouvert le Centre avec sa femme Brigitte. Il a ouvert ce centre cet été, en juillet.

Au Centre, il y a des tables de billard et une grande variété de jeux vidéo. Il y a une salle de danse où on peut écouter de la musique. Il y a aussi une cafétéria où on peut acheter des sandwiches et de bons casse-croûte.

Hier soir, j'ai visité le Centre Jeunesse. J'ai parlé à M. Nadeau, qui a ouvert le Centre parce que les jeunes n'ont pas de centre de loisirs à Beauvais.

J'ai essayé plusieurs jeux vidéo et je peux dire à tous que les jeux vidéo au Centre sont sensass ! J'ai aussi joué au billard avec mon copain Stéphane.

Malheureusement, j'ai perdu la partie !

Stéphane et moi avons choisi des frites comme casse-croûte. Elles sont délicieuses !

Les heures d'ouverture du Centre sont de 15 h 30 à 21 h, du lundi au samedi. Pour vous amuser, allez au Centre Jeunesse !

A Comment sais-tu que Marc a aimé sa visite au Centre Jeunesse ?

Leçon 11
Le reportage d'Aimée

En route !

- As-tu déjà participé à une comédie musicale ? Qu'est-ce que tu as fait ?
- Pourquoi est-ce que beaucoup d'écoles présentent des comédies musicales ?

L'école Bernier présente la célèbre comédie musicale
Le Magicien d'Oz

les 9, 10 et 11 décembre à 19 h
au gymnase de l'école Bernier
Venez célébrer notre centenaire !

A Pour préparer son reportage, Aimée a interviewé M. Arcand. Écoute l'entrevue et fais les activités à la page 22 de ton Cahier.

Étude de la langue

Leçon 12

Le passé composé avec *avoir*

Stéphane a écrit les phrases suivantes dans son reportage sur le match de basket-ball.

Ce sont les Tornades de Trésorville qui **ont gagné** le trophée l'année passée.
Les Coyotes **ont** bien **commencé** cette nouvelle saison.
Chaque Coyote **a** très bien **joué**.
Thomas **a marqué** onze buts.
Cent quarante spectateurs **ont assisté** au match.

Le match **a fini** en beauté pour notre équipe.

L'année passée les Coyotes **ont perdu** le championnat.

verbes en –er		
avoir + participe passé en –é		
j'	ai	joué
tu	as	joué
elle, il, on	a	joué
nous	avons	joué
vous	avez	joué
ils, elles	ont	joué

verbes en –ir		
avoir + participe passé en –i		
j'	ai	fini
tu	as	fini
elle, il, on	a	fini
nous	avons	fini
vous	avez	fini
ils, elles	ont	fini

verbes en –re		
avoir + participe passé en –u		
j'	ai	perdu
tu	as	perdu
elle, il, on	a	perdu
nous	avons	perdu
vous	avez	perdu
ils, elles	ont	perdu

ATTENTION ! Ces verbes ne suivent pas la règle concernant la formation du participe passé : *avoir, être, faire, croire, voir, mettre, prendre, dire, ouvrir*.

Le match **a eu** lieu le lundi 20 octobre, au gymnase.

verbe		participe passé	
avoir	→	eu	j'ai **eu**
être	→	été	tu as **été**
faire	→	fait	elle a **fait**
croire	→	cru	il a **cru**
voir	→	vu	on a **vu**

verbe		participe passé	
mettre	→	mis	nous avons **mis**
prendre	→	pris	vous avez **pris**
dire	→	dit	elles ont **dit**
ouvrir	→	ouvert	ils ont **ouvert**

Au travail !

Prépare ton reportage sur le sujet de ton entrevue.

Inclus l'information qui répond aux questions clés. Ajoute d'autres détails intéressants.

Utilise des verbes au passé composé.

La tâche finale

Notre émission de nouvelles

Votre groupe a choisi des sujets. Vous avez chacun et chacune fait une entrevue et préparé un reportage. Maintenant, il faut rassembler toute cette information et composer un bulletin de nouvelles.

- Choisissez un membre du groupe qui va être le présentateur ou la présentatrice. Écrivez le texte de cette personne.
- Partagez vos reportages et faites des améliorations au besoin.
- Choisissez l'ordre des reportages.
- Aidez le présentateur ou la présentatrice à bien se préparer.
- Répétez vos reportages.

Étude de la langue

Les adverbes formés à partir des adjectifs

- Un adverbe modifie ou précise le sens d'un verbe ou d'une phrase.

    Heureusement, ils ont réussi à contrôler le feu **rapidement**.

    L'adverbe *heureusement* modifie la phrase entière ; l'adverbe *rapidement* modifie le verbe *contrôler*.

- D'habitude, on utilise un adverbe pour décrire **la manière** de faire quelque chose.

    Comment ont-ils contrôlé le feu ? **Rapidement**.

- Règle générale : Pour former un adverbe, on ajoute *–ment* au féminin de l'adjectif.

    Les jeunes de Beauvais ont **finalement** un centre de loisirs.

Adjectif masculin	Adjectif féminin	Adverbe
heureux	heureuse	heureusement
rapide	rapide	rapidement
final	finale	finalement

- Une exception importante est l'adverbe *bien*, associé à l'adjectif *bon* :

    L'orchestre a de **bons** musiciens. Ils jouent **bien**.

- Si l'adjectif se termine par une **voyelle**, on ajoute *–ment* à la forme **masculine**.

    Vraiment, je préfère rester ici.
    Je suis **absolument** certain de cela.

- **Vite** est un adverbe.

    Renée court très **vite**.

Les questions par inversion

Il y a trois façons de poser des questions.

1. À l'oral, **l'intonation** monte à la fin de la phrase. À l'écrit, on met **un point d'interrogation** à la fin de la phrase.

    Tu joues au soccer ?

2. On ajoute *est-ce que*.

    Est-ce que tu joues au soccer ?

3. On fait **l'inversion** du pronom et du verbe.

    Joues-tu au soccer ?

Pour poser une question par inversion :

- On place le pronom après le verbe.

    Pourquoi veux-tu jouer un rôle dans *Le Magicien d'Oz* ?

- Au passé composé, on place le pronom après le verbe *avoir*.

    Pourquoi avez-vous choisi cette comédie ?

- Quand le sujet de la phrase est un nom (*les auditions*), on ajoute le pronom qui convient (*elles*) après le verbe.

    Quand les auditions ont-elles lieu ?

- Si le pronom est « il », « elle » ou « on », on insère un « t » entre le verbe et le pronom si le verbe se termine par une voyelle.

    Quand va-t-il annoncer les auditions ?

ATTENTION ! Note la place des traits d'union dans les exemples.

Le pronom y

- Le pronom *y* remplace une partie de la phrase qui commence par une préposition comme *à, au, aux, dans, sur* ou *chez*.
- Très souvent, le pronom *y* remplace **un endroit**.

    Je vais **au gymnase** et j'**y** fais de la gymnastique.
    Je vais **chez le vétérinaire** pour **y** faire du travail bénévole.

- Certains verbes comme *jouer* (quand on parle de sports ou de jeux) et *participer* sont suivis de la préposition *à* (*au, aux*). Si on ne veut pas répéter la partie de la phrase qui commence par cette préposition, on remplace ces mots par *y*.

    Nous jouons souvent **au Scrabble** et nous **y** jouons en français.
    Mes amis participent **aux activités sportives**. Moi, j'**y** participe aussi.

- À la forme négative, on place *ne* devant le pronom *y* et on place *pas* après le verbe.

    Vas-tu **au Centre Jeunesse** après les cours ?
    Non, je n'**y** vais pas. Je dois rentrer à la maison.

- Au passé composé, on place *y* devant le verbe *avoir*.
- Au négatif, on place *ne* devant *y* et *pas* après le verbe *avoir*.

    Quel match ! Tu **y** as assisté, n'est-ce pas ?
    Oui, j'**y** ai assisté. Non, je n'**y** ai pas assisté.

- Quand il y a un verbe comme *aller, devoir, pouvoir* ou *vouloir* suivi d'un infinitif, on place le pronom *y* devant l'infinitif.
- Note : Au négatif, on met *ne* devant et *pas* après le **premier** verbe.

    Je vais **à la piscine**. Tu veux **y** aller avec moi ?
    Désolé, je ne peux pas **y** aller aujourd'hui, mais je veux **y** aller samedi.

Le passé composé avec *avoir*

Stéphane a écrit les phrases suivantes dans son reportage sur le match de basket-ball.

Ce sont les Tornades de Trésorville qui **ont gagné** le trophée l'année passée.
Les Coyotes **ont** bien **commencé** cette nouvelle saison.
Chaque Coyote **a** très bien **joué**.
Le match **a fini** en beauté pour notre équipe.
L'année passée les Coyotes **ont perdu** le championnat.

verbes en –er			verbes en –ir			verbes en –re		
avoir + participe passé en –**é**			*avoir* + participe passé en –**i**			*avoir* + participe passé en –**u**		
j'	ai	jou**é**	j'	ai	fin**i**	j'	ai	perd**u**
tu	as	jou**é**	tu	as	fin**i**	tu	as	perd**u**
elle, il, on	a	jou**é**	elle, il, on	a	fin**i**	elle, il, on	a	perd**u**
nous	avons	jou**é**	nous	avons	fin**i**	nous	avons	perd**u**
vous	avez	jou**é**	vous	avez	fin**i**	vous	avez	perd**u**
ils, elles	ont	jou**é**	ils, elles	ont	fin**i**	ils, elles	ont	perd**u**

ATTENTION ! Ces verbes ne suivent pas la règle concernant la formation du participe passé : *avoir, être, faire, croire, voir, mettre, prendre, dire, ouvrir*.

Le match **a eu** lieu le lundi 20 octobre, au gymnase.

verbe		participe passé		verbe		participe passé	
avoir	→	eu	j'ai **eu**	mettre	→	mis	nous avons **mis**
être	→	été	tu as **été**	prendre	→	pris	vous avez **pris**
faire	→	fait	elle a **fait**				
croire	→	cru	il a **cru**	dire	→	dit	elles ont **dit**
voir	→	vu	on a **vu**	ouvrir	→	ouvert	ils ont **ouvert**

Stratégies

1. Quand tu écoutes un enregistrement

Avant l'écoute
- Analyse les indices dans ton Livre.
- Pense à tes expériences personnelles sur le sujet.
- Prédis les idées de l'enregistrement.
- Imagine les personnages.

Pendant l'écoute
- Écoute d'abord pour comprendre les idées générales.
- Remarque l'intonation des personnages.
- Essaie de reconnaître les mots connus et les mots amis.
- Concentre ton attention sur tes prédictions.
- Écoute en plusieurs parties pour comprendre les détails.

Après l'écoute
- Quelles stratégies as-tu utilisées pour t'aider à comprendre ?
- La prochaine fois, quelles stratégies vas-tu utiliser ?

2. Quand tu regardes une vidéo

Avant de regarder la vidéo
- Analyse les indices dans ton Livre.
- Pense à tes expériences personnelles sur le sujet.
- Prédis les idées de la vidéo.
- Imagine les personnages.

Pendant la vidéo
- Regarde une première fois pour comprendre les idées générales.
- Observe attentivement les décors et les vêtements.
- Remarque l'expression des personnages.
- Essaie de reconnaître les mots connus et les mots amis.
- Concentre ton attention sur tes prédictions.
- Regarde en plusieurs parties pour comprendre les détails.

Après la vidéo
- Quelles stratégies ont été utiles pour comprendre la vidéo ?
- La prochaine fois, qu'est-ce que tu vas faire pour t'aider à comprendre une vidéo ?

3. Quand tu lis un texte

Avant de lire
- Essaie de comprendre le titre et les sous-titres.
- Regarde attentivement les illustrations.
- Pense à tes expériences personnelles sur le sujet.
- Prédis les idées du texte.

Pendant la lecture
- Lis une première fois pour comprendre les idées générales.
- Concentre ton attention sur tes prédictions.
- Cherche les mots connus et les mots amis.
- Utilise le Lexique ou un dictionnaire.
- Lis le texte plusieurs fois pour comprendre les détails.

Après la lecture
- Qu'est-ce qui t'a aidé(e) à comprendre le texte ?
- La prochaine fois, quelles stratégies vas-tu utiliser ?

4. Quand tu écris un texte

Avant d'écrire
- Rassemble tes idées sur le sujet.
- Analyse un modèle.
- Prépare un plan de tes idées.

Pendant que tu écris
- Rédige d'abord un brouillon.
- Fais relire ton texte par un(e) camarade.
- Modifie ton plan, si nécessaire.
- Ajoute de nouvelles idées.
- Prépare la version finale : consulte les tableaux de grammaire; vérifie l'orthographe dans le Lexique ou dans un dictionnaire.

Après l'écriture
- Compare ton texte à ceux des autres élèves.
- Qu'est-ce que tu vas faire la prochaine fois ?

5. Quand tu participes à une activité de groupe

Pendant l'activité
- Écoute les directives de ton professeur.
- Participe activement à l'activité.
- Parle français.
- Parle à voix basse.
- Encourage tes camarades.
- Concentre ton attention sur la tâche.
- Termine ton travail sans retard.

Après l'activité
- Qu'est-ce que tu as fait pour aider ton groupe ?

6. Quand tu fais une présentation orale

Avant la présentation
- Note tes idées sur le sujet.
- Fais un plan de ta présentation.
- Trouve des aides visuelles et sonores.
- Prépare des cartes aide-mémoire.
- Prépare des graphiques.

Pendant la présentation
- Regarde tous les spectateurs.
- Parle clairement et lentement.
- Mets de l'expression dans ta voix.
- Souris, fais des gestes.
- Utilise des aides visuelles et sonores.

Après la présentation
- Écoute les commentaires de la classe.
- La prochaine fois, qu'est-ce que tu vas changer dans ta présentation ?

7. Quand tu fais une entrevue

Avant l'entrevue
- Renseigne-toi un peu sur le sujet.
- Prépare des questions à l'avance.
- Pense aux questions : *qu'est-ce que ? (quoi?), qui ? où ? quand ? pourquoi ?*

Pendant l'entrevue
- Présente-toi au début de l'entrevue et présente le sujet qui t'intéresse.
- Pose une première question facile pour démarrer la conversation.
- Écoute ce que la personne dit et pose des questions sur ce qu'elle dit.
- Aie l'air intéressé par le sujet et la personne interviewée.
- Aide la personne interviewée à exprimer ses idées.
- Passe des commentaires encourageants.
- Sois poli(e) et jovial(e).
- Prends des notes ou préférablement enregistre ton entrevue.
- N'oublie pas de remercier la personne interviewée à la fin de l'entrevue

Après l'entrevue
- Complète tes notes.
- Écris tout de suite le compte rendu de ton entrevue pour ne pas oublier aucun détail.

Lexique

Abréviations
- *n.m.* nom masculin
- *n.f.* nom féminin
- *pl.* pluriel
- *adj.* adjectif
- *adv.* adverbe
- *prép.* préposition
- *pron.* pronom
- *v.* verbe
- *conj.* conjonction
- *expr.* expression

A - B

- un **adversaire** *n.m.* rival
- **afin de** *prép.* in order to
- **agricole** *adj.* agricultural
- **aider** *v.* to help
- **ajouter** *v.* to add
- une **alarme-incendie** *n.f.* fire alarm
- une **amélioration** *n.f.* improvement
- **assister à** *v.* to attend
- **avant de** *prép.* before
- un **avis** *n.m.* opinion; **à ton avis** *expr.* in your opinion
- une **bande dessinée** *n.f.* comic strip
- une **bataille** *n.f.* battle
- la **beauté** *n.f.* beauty; **finir en beauté** *expr.* to end well
- un, une **bénévole** *adj.* volunteer
- **(au) besoin** *expr.* as needed
- **bientôt** *adv.* soon
- le **billard** *n.m.* billiards, pool
- un **bulletin de nouvelles** *n.m.* newscast
- un **but** *n.m.* goal, objective

C

- un **canal** *n.m.* channel
- un **casse-croûte** *n.m.* snack
- un **centenaire** *n.m.* 100th anniversary
- **cependant** *conj.* however
- **chacun, chacune** *pron.* each one
- un **champ** *n.m.* field
- **choisir** *v.* to choose
- une **clé** *n.f.* key
- un **coin** *n.m.* corner
- une **collecte de fonds** *n.f.* fundraising
- une **communauté** *n.f.* community
- **compter** *v.* to count
- un **concours** *n.m.* competition, contest
- la **connaissance** *n.f.* acquaintance; knowledge
- un **conseil des élèves** *n.m.* student council
- **contenir** *v.* to contain
- un **côté** *n.m* side; **à côté de** *prép.* beside
- les **cours** *n.m.pl.* classes
- une **course** *n.f.* race
- **créer** *v.* to create
- **croire** *v.* to believe

D - E

- un **début** *n.m.* beginning
- **découvrir** *v.* to discover
- **défouler** *v.* to relax
- **dernier, dernière** *adj.* last
- **désolé, désolée** *adj.* sorry
- **diffuser** *v.* to broadcast
- **(en) direct** *expr.* live (broadcast)
- **discuter** *v.* to discuss
- des **dommages** *n.m.pl.* damages
- **donc** *conj.* therefore
- des **échecs** *n.m.pl.* chess
- une **émission** *n.f.* broadcast, program
- un **endroit** *n.m.* place
- **enregistrer** *v.* to record
- **entraîner** *v.* to train
- **entre** *prép.* between
- une **entreprise** *n.f.* business
- une **entrevue** *n.f.* interview
- **essayer** *v.* to try
- un **événement** *n.m.* event
- **expliquer** *v.* to explain
- un **exploit** *n.m.* achievement, deed
- **exprimer** *v.* to express
- l' **extérieur** *n.m.* outdoors

F - G

- **fêter** *v.* to celebrate
- un **feu** *n.m.* fire
- un **fil** *n.m.* wire; **sans fil** *expr.* wireless
- une **fin** *n.f.* end
- **fournir** *v.* to furnish, to supply
- **garder** *v.* to keep
- **grâce à** *expr.* thanks to
- une **guerre** *n.f.* war

H - I - J

heureusement *adv.* fortunately

une idée *n.f.* idea

un incendie *n.m.* fire

incroyable *adj.* fantastic, unbelievable

l' informatique *n.f.* computer technology

insérer *v.* to insert

l' intérieur *n.m.* indoors

L - M - N - O

laver *v.* to wash

un lieu *n.m.* place; avoir lieu *expr.* to take place

des loisirs *n.m.pl.* leisure activities, pastimes

mauvais, mauvaise *adj.* bad

une médaille *n.f.* medal

mener *v.* to conduct

un mérite *n.m.* merit, worth

mettre en scène *expr.* to direct (a play)

mondial, mondiale *adj.* world

monter (une pièce) *expr.* to put on (a play)

un niveau *n.m.* level

des nouvelles *n.f.pl.* news

une occasion *n.f.* chance, opportunity

un ordinateur *n.m.* computer

une ouverture *n.f.* opening

P - Q

parascolaire *adj.* extracurricular

parfois *adv.* sometimes

partager *v.* to share

à partir de *expr.* starting from

une pâtisserie *n.f.* pastry

pendant *prép.* during

penser *v.* to think

perdre *v.* to lose

permettre *v.* to allow

(avoir) peur (de) *expr.* to be afraid (of)

planifier *v.* to plan

la plupart *n.f.* majority

plus *adv.* more

plus tard *expr.* later

plusieurs *adj.* several

un pompier *n.m.* firefighter

prendre *v.* to take

un, une présentateur, présentatrice *n.m.,f.* TV anchor

prêt, prête *adj.* ready

une preuve *n.f.* demonstration, proof

prochain, prochaine *adj.* next

projeter *v.* to show (a film); to plan

quelque peu *expr.* a bit, a little

R

ramasser *v.* to collect, to pick up

rassembler *v.* to gather, to put together

recevoir (on reçoit) *v.* to receive

référer *v.* to refer

remporter *v.* to bring back

un remue-méninges *n.m.* brainstorming

des renseignements *n.m.pl.* information

répéter *v.* to rehearse; to repeat

répondre *v.* to answer, respond

un réseau *n.m.* network

réussir *v.* to succeed

revenir *v.* to come back

S

sans *prép.* without

savoir (on sait) *v.* to know

une séance d'entraînement *n.m.* practice

serré, serrée *adj.* close

un siècle *n.m.* century

un sondage *n.m.* survey

suggérer *v.* to suggest

T - U - V

tard *adv.* late

un, une téléjournaliste *n.m.,f.* television reporter

(se) terminer *v.* to finish

un trait d'union *n.m.* hyphen

transmettre *v.* to broadcast, to transmit

un travail *n.m.* piece of work

(à) travers *prép.* across

trop *adv.* too many, too much

(se) trouver *v.* to be located

un truc *n.m.* trick

une usine *n.f.* factory

venir *v.* to come

une vente *n.f.* sale

voir *v.* to see

une voyelle *n.f.* vowel

COPYRIGHT © 2004 by Gage Learning, a division of Thomson Canada Ltd.
1120 Birchmount Road
Toronto ON M1K 5G4

Tous droits réservés. Aucune partie de cet ouvrage ne peut être reproduite, mise en mémoire dans un système de recherche automatique, ni diffusée, sous quelque forme ou procédé que ce soit, sans l'autorisation écrite de l'Éditeur ou sans une licence de la Canadian Copyright Licensing Agency (Access Copyright). Pour obtenir une licence Access Copyright, visiter le site Web www.accesscopyright.ca ou téléphoner au numéro sans frais 1-800-893-5777.

National Library of Canada Cataloguing in Publication

Babcock, Michèle
 Quoi de neuf ? / Michèle Babcock, Art Coulbeck

(Tout ados. Niveau 2)
ISBN 0-7715-4064-7

1. French language—Textbooks for second language learners—English speakers. I. Title. II. Series.

PC2129.E5B249 2003   448.2'421   C2003-905990-1

Le contenu de tous les sites Web auxquels l'adresse www.gagelearning.com donne accès a été soigneusement vérifié. Ces sites et tous autres liens proposés doivent toutefois faire l'objet d'un examen périodique avant d'en transmettre l'adresse aux élèves. Comme les adresses de sites Web changent constamment, il est recommandé que les enseignants utilisent un moteur de recherche pour repérer l'adresse d'un site afin d'en vérifier le contenu.

L'Éditeur a tenté de retracer les propriétaires des droits de tout le matériel dont il s'est servi. Il acceptera avec plaisir toute information qui lui permettra de corriger les erreurs de référence ou d'attribution.

Nous reconnaissons l'aide financière du gouvernement du Canada par l'entremise du Programme d'aide au développement de l'industrie de l'édition pour nos activités d'édition.

Nous remercions le gouvernement de l'Ontario du soutien accordé par le biais de l'Initiative pour l'industrie du livre en Ontario de la Société de développement de l'industrie des médias de l'Ontario.

Chef de produit, FLS : Jodi Ravn
Consultante à la rédaction : Gladys Jean
Équipe d'édition : Chris Anderson, Art Coulbeck, Laura Jones, Carolyn Pisani
Révision linguistique : Doreen Bédard-Bull
Production : Bev Crann

Remerciements
Michèle Babcock
Sara Garnick
Joanne Guindon
Sandra Loberto
Kathy Rose
Françoise Roy

Direction artistique, conception graphique :
Pronk&Associates
Couverture : Ray Boudreau ; Artbase Inc.
Illustrations : p. 10, 11, 12, 13 Craig Terlson ; p. 17 Steve Schulman ; p. 18, 19 Greg Stevenson ; p. 22 Graham Bardell
Photographies : p. 2 Ray Boudreau ; p. 2, 3 (bas) Ray Boudreau ; p. 3 (centre) Ronnie Kaufman/CORBIS/MagmaPhoto.com ; (haut à droite) Getty Images ; p. 4, 5 (à gauche, à droite) Artbase Inc. ; p. 4 (haut) Ray Boudreau ; (l'incendie) Artbase Inc. ; p. 5 (centre) Ray Boudreau ; p. 6, 7 Ray Boudreau ; p. 8, 9 Artbase Inc. ; p. 9 (bas) Artbase Inc. ; p. 14, 15 Ray Boudreau ; p. 16 (haut) Ray Boudreau ; p. 16 (bas) Michael Newman/PhotoEdit Inc. ; p. 18 (Marconi) Bettman/CORBIS/MagmaPhoto.com ; p. 19 (Signal Hill) Nik Wheeler/CORBIS/Magmaphoto.com ; p. 20, 21, 22, 23 (bas), 24, 25 Ray Boudreau ; p. 23 (haut) Artbase Inc.

Production sonore : Hara Productions
Production vidéo : The Pinnacle Group

ISBN 0-7715-**4064-7**
1 2 3 4 5 MP 07 06 05 04 03
Écrit, imprimé et relié au Canada